Capítulo 2:recuerdo

Jamás olvido

Te mentiría si dijese
Que no me he equivocado.
Que no he pensado en regresar,
En tirar de nuevo los dados.

Te mentiría si dijese
Que no me entristece
Haberme rendido.
Simplemente estar muerto
Sin haberme ido.

No siempre recuerdo,
Pero jamás olvido.
No sé si estoy cuerdo,
Pero sé que estoy vivo.

Por eso agradezco
Haberte conocido.

Mentiría si dijese
Que jamás he querido
Que regreses.

Cuando quiera

Puedo recordar cuando quiera
Y el tiempo que quiera...

No basta ver con los ojos,
Ni con la lengua calmar una fiera.
Puedo recordar cuando quiera
Y el tiempo que quiera,
Pero aún no sé hacerlo...

Cuando no bastan los aullidos,
Los gritos y el llanto en la almohada,
Trato a perros con gruñidos,
Sentado en una encrucijada.

Puedo recordar cuando quiera
Y el tiempo que quiera,
Pero aún no sé hacerlo...

Otra vez y otra vez...

Anoche me defendí
Y otra vez morí...

Aunque no me vean, yo sigo ahí,
Aplaudiendo una vez más
Una brillante actuación.
Todas las sonrisas
Saluden al público.

Intentaré cerrar los ojos,
Y cuando baje el telón
Quiero que vengas
Y me lleves a casa.

Si mañana ya no estoy,
Agradécele por mí.
Si aún sigo aquí,
Será porque...

Anoche me defendí
Y otra vez morí...

Inexplicable

No puedo explicar.

Que no esperes
A que aprenda a nadar.
Que soy un trotamundos
Que no quiere caminar.

No puedo explicar.

Que somos el tiempo.
Nuestras arenas forman figuras
Con el paso del viento.
Y si la vida es laguna,
Yo soy sedimento.

Te digo que no puedo explicar.

Soy un ave con vértigo.
Me niego a volar.

El mundo es una pizza

Hoy me di una vuelta,
Sin dejar de girar.
Creo que estoy mareado
Y no me paran de hablar.

¡Cuántas personitas veo
En el techo de mi cuarto!
En la cordura ya no creo.
La gente me tiene harto.

El mundo es una pizza
Y yo quiero mi pedazo.
Aunque venga con retraso,
No queda otra que esperar.

Hoy me di otra vuelta,
Sin dejar de girar.
¿Y cuál era mi brazo?
¿Me lo podés alcanzar?

¡Cuántas personitas veo!
Me parecen todas igual.
Vestidas como reos,
No pretenden escapar.

Pequeña golondrina

Vuelan mis hadas madrinas
Junto a mi cabeza de pequeña golondrina.
Porque odio las cerezas, ellas traen mandarinas.

Pinto con mis pies y con paciencia
La cabeza de un ciempiés, Roberto.
Realidades colisionan,
Él no te va a ver como lo ves, es tuerto.

Dolores, la mapache,
Ostenta dentadura original.
Muda como la hache,
Me mira de manera marginal.

Salto a por los globos,
Flotan como yo solía flotar.
A los pesados y a los bobos,
El aire no los puede levantar.

Parejas de conejos
Me visitan de muy lejos
Para ver si estoy feliz.

Mentir me da alergia,
Así que antes fumo algo de hachís,
¡Fe... fe... feliz!

Payasos disfrazados de humanos renegados,
Con camisas y corbatas y teléfonos en mano,
Se tropiezan entre ellos y vuelan con propano...

Vuelan mis hadas madrinas
Junto a mi cabeza de pequeña golondrina...

Los voy a enterrar en mi jardín.
Asesinato y luego un festín...
Los voy a enterrar en mi jardín.
Asesinato y luego un festín...

Yo me pregunto

Hoy tropecé.
Por algo pasó.
¿Y dónde estoy yo?
El show prosiguió
Y yo me quedé,
Porque hoy es ayer
Si total sale el sol

Mi perro fiel
Se acercó y preguntó:
"¿Qué es ese olor?
No es el alcohol,
¿Y dónde estás vos?
Qué sería de tu vida
Si no estuviera yo".

Me fui de acá
Para ir hacia allá,
¿Y dónde estoy yo?
Sin mi perro guía,
Yo me pregunto,

Si hoy es de día,
¿Por qué no veo el sol?

Capitulo 4: desierto

Pateando y mordiendo

Afilen sus mentes, animales nocturnos,
Que quienes afilan sus garras
Nunca esperan su turno...
Tampoco las ideas.

El que cedió y teme
Siente temblar hasta el sol.
Quien carga el mundo en sus hombros
No tiene ganas de llorar - no puede -
Ni sobre sus propios escombros.

Atentos:
No mata el veloz,
Sino el que mata a tiempo.
No deja fragmentos.

Momentos remotos
De un lugar que nunca existió.
Jamás, nunca, ni una foto,
Quien no era ciego estaba roto.

Exprésense,
Péndulos en sincronía.
Dispérsense,
Sus gritos son la décima sinfonía.

Afilen sus mentes,
Que quienes afilan sus garras
No atacan de día.

Lejos

Lejos, entre tantas nubes,
Nacemos de la lluvia que caerá por siempre,
Inconscientes de todo lo recorrido previamente.

Lejos, entre tantas rosas,
Caemos como gotas.
No somos diferentes.
Alejadas, simplemente.

Es tarde, en la Tierra las cosas
Solo reposan y jamás ascienden.

Lejos, entre las espinas,
No hay viento ni con suerte.
Ni gotas de rocío.
Convivimos con serpientes.

Es tarde, en la Tierra solo quedan
Quienes jamás trascienden
Y quienes nacen de la lluvia que caerá por siempre.

Lejos, entre tantas rosas,
Caemos como gotas.
No somos diferentes.
Alejadas, simplemente.

Ecos

Escucho el eco de un grito,
Sin origen, ni conocer destino,
Con un mensaje como el mío.
Un relato de opresión
Narrado en la respiración agitada
De alguien despertando de una pesadilla.
¡Qué maravilla!...
El deseo mórbido y absurdo de la mente
De ser oído.

¿Quiénes han de soñar por nosotros?
¿Quiénes han de conocer nuestros mensajes?
¿Quién grita dentro de mí?
¿Por qué no escucho el grito sino el eco del grito?

Buscando localizarnos en esta pesadilla.
Qué maravilla...
Puedo oírnos.

Capítulo 5: deconstrucción

Fruto del árbol venenoso

Hay raíces que se encarnan en mi pecho.
Este lúgubre árbol que se alza frente a mí,
Su sombra me cubre por completo.
Y sin embargo me aferro a él.
Ha doblegado mi espíritu como nadie,
Hasta sentir que no valgo nada.

Luego de nutrirte de mi cordura,
De mi ingenua hospitalidad,
Cuando llegue el otoño, y tus hojas caigan,
Quedaré solo por completo
Y aun así habré de necesitar tu sombra,
De esa falsa sensación de seguridad.

Como si fuese un mar seco,
Temo que nadie quiera nadar en mí
Luego de que me hayas abusado.
Ahora, destruido, arruinado,
Deberé ser el primero en amarme de nuevo.

Te odio.

Piedra

Un punto infinitesimal
Sumergido en agua salada.
Una piedra en mi cuerpo.

Ahora sos mía.
Te necesito y te agradezco.
Aún te necesito y te odio.

Sos lo peor de mí, sos mi karma.
Sos pura mierda, sos un arma.
Ya te di mis huesos,
No me rasguñes el alma.

Seguiré tragando saliva
Hasta que me tragues a mí.

Ambición

En los senderos largos y cortos
Me nutro de una ambición insalubre,
Desgarro el límite de mi joven esperanza.

En la ilusión de destino
Busco las letras que forman mi nombre,
Mientras en tierra mis lágrimas descansan.

Es el precio de dejar mi marca sobre una fruta
Mordida.
Prohibida.
Podrida.

El ojo de la discordia

Parte de mi rostro tiembla como el suelo.
Siento el desacuerdo de mis entrañas.
Tiemblan las ventanas al sonar las campanas,
Ante las dudas, ante desgracias,
Mientras detrás de un pañuelo
Mis gestos pierden su gracia.

Pronóstico eterno de lluvia pasajera,
Que llegara de su viaje, quisiera.
¿Cómo aún no llega a destino
Si migajas dejó en su camino?
Cual sembradas semillas,
Milla por milla.

Tiemblan las ventanas al sonar las campanas.
Tiembla el ojo de la discordia.

Por las noches soy mudo

Por las noches soy mudo
Porque hay un monstruo en mi boca.
Sonriendo sin mi permiso,
Con las comisuras me provoca.

Mi mano sella mis labios
Y en ellos me encuentro
Atrapado, a cubierto.
Encerrado desde adentro.

En tanto intento sublimarme,
Imaginarme sin forma,
Infiltrarme en los suspiros,
Escaparme de la horma,

En el temblor de los párpados,
En cada golpe, en cada herida,
Abro las fauces del silencio
Para recuperar mi vida.

Perdido

En el borde de mi contención,
Al final de cada camino
Trazado por mis lágrimas,
Mi sudor y mi sangre.

En el límite entre quién era y quién soy.
Entre el júbilo de ayer, la desesperanza de hoy,
El miedo al mañana.

Donde me escondo, donde guardo los hilos
Que mueven mi cuerpo inanimado.
En la ironía existencial de estar vívidamente inerte.
En el rincón lleno de bichos, polvo y papeles.

Donde mis pensamientos, obsesiones y deseos,
Mis pasiones y cariños sinceros.
Entre mis silencios sepulcrales y mis risas desquiciadas
Y mis miradas largas.

Entre todas estas cosas me encuentro.
Perdido.

Hilo de voz

Solo me queda un hilo de voz.
Lo ofrezco al aire y lo demanda el viento.
Quizás alguien lo ate a su dedo
O lo aleje de un soplido.

Suspendido en el aire no puede cortarse.
Quiero que sea libre antes que sea nudo.
No llores, no te quiebres, mi voz,
O me quedaré mudo.

Cortes de papel

Cuerpo desmembrado.
Fragmentos de mi viento,
Desparramados.
Mis restos desterrados.

Solo pierde el mapa.
Olvídame.
Entiérrame.
No me molestes.
No me profanes.

Un corte de papel.
Dos cortes de papel.
Tres cortes de papel.

Cuatro.

Capítulo 6: absolución

Sin rencores ni castigos

Si tengo suerte y sobrevivo a mi torpe existencia,
Me enfrentaré a mi propio olvido,
Ya sin rencores ni castigos.
Solo mi sonrisa y, quizás durante el frio,
Busque en la tuya un abrigo.
Luego, un grito de victoria:
El regreso de mi añejo corazón partido.

Escuchando la lucha que he compartido,
Tengo el sentimiento de que algo en mí ha partido.
Si danzo conmigo y contigo, y con estos espectros,
Que de mi carne han subsistido,
Entonces me enfrentaré a mi propio olvido.
Ya sin rencores ni castigos.

Bailamos en silencio

Cuando se cruzan nuestras miradas
Nos desafiamos mutuamente.
Bailamos en silencio.
Estamos tan a destiempo.

Caminamos, persevero,
Con cada paso separado del tuyo
A una distancia tan calculada,
Tan constante.
Te observo mientras te miro
Y veo como te vas alejando.

Caminamos, persevero.
Bailamos en silencio.
Soy infantil y fantasioso
Y vos sos vos.
Soy un adjetivo, y vos sos un sujeto.
Vos sos el mar y yo soy el ancla.

Quisiera verme como vos.
Sentirme, predicar el amor por mi cuerpo.
Encontrar mi lluvia, no temer a empaparme.
Hablar antes de pensar.
Besar antes de temer.
Vivir antes de morir.

Vida de árbol

Intento estar en mi árbol, abrazarlo,
Aunque éste ya no me habla, no me contesta.
No me pregunta nada, ni parece alegrarse por verme.
Solo sigue erguido, como un monumento,
Un tótem.
No es más que simbólico.

¿Cuál es el punto de estar a medias?
Bien podría estar muerto por dentro del tronco,
No habría diferencia.
Sus raíces estarían secas y tardaría tiempo en notarlo.

Yo crecí y olvidé mi árbol,
Lo dejé plantado en la vereda,
No recuerdo qué calle,
Y vaya uno a saber si sigue allí.

Ojalá que sí,
Que viva cien veces mi tiempo de vida.
Que otro niño lo abrace,
Y le cuente sus anécdotas del día.

Que otra niña se sorprenda
Y se ilusione con su voz fantástica.

Quiero recordarlo, quisiera estar ahí con él
Y abrazarlo nuevamente,
Que escuche mis historias ficticias.

Es hacer conexión con la tierra cuando
Me rodea con sus ramas y yo con las mías.
Luego me voy, lo saludo con cariño,
Y el árbol permanece allí.

No sé si me espera, o simplemente hace sus cosas,
Hace su vida de árbol.

Máscaras

Nadie te llamó.
No dudaste en llegar
Con tu máscara.

Sombra nocturna,
Desafinado canto,
Ser majestuoso.

Tan insistente.
Quebraste mi máscara,
Pequeño gato.

Duerme conmigo,
Si descanso tranquilo
En tu pelaje.

La primavera.
Florecen mis lágrimas.
No te encuentro.

Mi compañero,
Espíritu salvaje,
¿Cuándo volverás?

Yo te prometí,
Tu jurado sirviente,
Te cuidaría.

Pero partiste,
Ahora tu ausencia
Es un suplicio.

No te llamaré.
No dudarás en volver
Con tu máscara.

Entre tus flores,
Lloraré tu recuerdo
Bajo la mía.

Dulce

¿Qué tanto de mí te muestro
hablando con vos ahora?
¿Qué tan desnudo me veo
cuando escuchás mis palabras?

Jamás me sentí tan vivo como hoy.
Jamás me entendí tanto,
Y aún así me invade cierta melancolía casi sin sentido.

Soy tan joven - y tan dulce.
Fui tan amargo,
Pero hoy me siento tan dulce.
Como la conciencia.

Tan anhelado consuelo llegó en una epifanía.
Un precipitado sentimiento de paz.
Una tranquilidad muy oportuna.

Mis palabras desnudas son tan dulces.
Dulces sueños compartiré conmigo.

Capítulo 7: redescubrimiento

Uno (1)

Uno de nosotros se escondió
Bajo el reflejo de una emoción irremediable.

Uno de nosotros se escabulló
Bajo una manga, como un viejo naipe.

Uno de nosotros se fue sin decir adiós,
Sin dar explicaciones.

Te imploro regreses.
Déjame doler.
Déjame amar.

Sin mi otro yo,
Ahora despojado de debilidades,
Pero con mi valor embrutecido,
La suma de mis yos es menor que yo mismo.
Una desigualdad de voluntades.

Sin mi otro yo,
Expropio el sentimiento,
Pero el deseo de recuperarlo
Se manifiesta encarnado
Y arde cuando me miento.

Sin mi otro yo,
Me engaño entre los espejos
Cuando intento tocar mi pecho
Y asimilar mi humanidad,
Que de a ratos se ve tan lejos.

La tormenta antes de la tormenta (2)

Éste sos vos.
La tormenta antes de la tormenta.
La presión antes de la palabra.
Una mirada a ambos lados de la calzada.

No hay peligro, y sin embargo pides asilo;
Concedido el perdón por tu devoción,
De mi boca no saldrá castigo
Porque el mismo es tu decisión.

Sobrevivo por el arullo de la voluntad
Que, cual sirena con su canto,
Advierte que estoy maldito por la culpa,
Desafinado instrumento
Que desgarra mi vientre de un grito.
Mientras las cuerdas lastiman mis dedos,
Como un títere herido por sus hilos,
Yo tirito.

Barro (3)

Aun cerrando los ojos
Veo colores,
Siluetas cual auras.
Me veo lejos, como una mancha.
Distante y ajeno, como un desconocido.
"Salúdame, viejo amigo", me pido,
Atraído a esta grieta tan ancha.

Aun cerrando los ojos
El miedo enardece,
Porque algún día no habrán palabras que me basten.
Mudo y sin abrir los párpados,
Solo queda volcarme hacia dentro de mí mísmo
Y reír ante la simpleza de mi existencia de barro,
Pintada tribalmente con un raciocinio vano.

De artesano una pipa, inhalo y exhalo.
Atiendo una flama que nutre mi corazón,
Pero sin alcanzar mis extremidades rígidas,
Mi ofrenda gélida palidece en desazón.

Un pulso sensible, tan sensible,
A la maldita abnegación.
Y no puedo enfadarme.
Porque de mi débil carne
Di de beber mi amor en sangre
Cuando había tanta sangría...

Por eso, padre, madre,
Hoy, solo por este día,
De mi copa de barro lo beberé todo yo.

Asíntota

Estando tan cerca,
Tan cerca y fascinante,
Se pliega el espacio como papel.
La distancia es divisible, dicotómica.
Empero el deseo exponencial.

Aunque bien anhelo hallar el límite
De este ensueño logarítmico,
Estoy encantado por la naturaleza
Asintótica de nuestro encuentro.

Devórame

Devórame, devórame.
No quiero ver el sol ni la luna,
No quiero vida alguna.

Ahógame, ahógame.
El vapor arderá mis pecados,
De la pasión me habré desatado.

Congélame, congélame.
Deja caer la escarcha sobre mi voluntad.
Que vuele la flecha, mátame, ten piedad.

Mátame, sedúceme...
Y no temas dolerme.

Yo pienso tanto

Llegaste en silencio
Y hoy oigo el aire que respirás.
Y yo pienso,
Tanto,
Que el sonido quedó detrás.

Las palabras se conservan
Como la energía,
En encuentros y desencantos,
Y yo, yo pienso tanto...
En el efecto que tendrían.

Anhelo ser como la luz del Sol,
Encomiable e infinita,
Pero el pensamiento es una sombra
Que ni la noche me lo quita.

El discurrir de las ideas
Fluye como la corriente,
Mientras se ahoga en su caudal
El fuego de mi vientre.

Mirlo / Un cuarto de vida

El hambre pactó comerse mi cuerpo
A cambio de mis maldiciones.

A mi cuerpo cadavérico
Lo envuelve la noche fria.
Si en esa carne hubiese mérito,
Mi alma florecería.

El hedor de la vergüenza
Se superpone a la podredumbre,
Mientras el espejo espera
Oculto en la muchedumbre.

En él, un reflejo que no me pertenece
Y una voz que no es mía.
"No te quiero avergonzado."
No canté desde ese día.

(...)

Las plumas surcan el cielo,
El mirlo mira desde abajo.

Aves miran con recelo,
Pero nada lo distrajo.

El mirlo ya no vuela.
Y aunque la herida cicatriza.
Sucumbe al abandono
Y se opone a la brisa.

Es este sentimiento desenfrenado
De desesperación y anhelo entrañados...

(...)

Mírame, porque estoy aquí.
Háblame, porque puedo oírte.

Cántame, que temo perderte por completo
Ante este mundo que nos exije tanto,
Donde caemos como gotas,
Alejados y en desencanto.

Quiero que cantes, mirlo,
Aunque suenes desafinado.
(Me quedan tres cuartos de vida.
El primero ya ha menguado)

Abril

Cuando llegue Abril
Y hayan oído mi voz,
Reposaré en vos,
Oiré las hojas crujir.

Cuando llegue Abril
Y se disipe el vapor,
Recobraré el calor
En tu aliento febril.

Cuando llegue Abril
No habrá luciérnagas...
Y en su ausencia
Se lucirá tu nombre.

Cuando llegue Abril,
Esperando aquí sentado,
El mundo de nuevo habrá dado
Otra vuelta para mí.

Así espera Abril.

Epílogo: Ronquidos

El zumbido del aire acondicionado despertando de su momentáneo letargo me descolocó inesperadamente. Mi concentración comenzaba a perderse entre la neblina mental que se había espesado luego de incontables horas frente al monitor. La superficie de mis ojos estaba seca, rogando porque mis párpados finalmente cayeran rendidos. A pesar de mi implacable obstinación por continuar en vigilia, el sentido común me señalaba que el uso de mi tiempo nocturno para estudiar ya no me estaba resultando eficiente: habría escrito veinte, quizás veinticinco palabras en los últimos treinta minutos. Sin nada que reprocharme luego de una velada poco encantadora de trabajo académico, apagué el ordenador y me dispuse a ejecutar los últimos pasos de mi rutina diaria.

Me levanté de mi asiento y tomé una vieja frazada verde de mi placard para cubrir la silla de los arañazos de mi gato. Hice lo mismo con el monitor. Apagué el televisor, que con su imagen estática alumbraba mi cuarto y poco más. Abrí las sábanas de mi cama y me metí dentro. Sin darme cuenta, estaba tapado hasta el cuello por el frío acumulado de mi cuarto por el aire acondicionado. Decidí apagarlo un rato.

Aún le quedaban horas al incienso en espiral que ardía lentamente para ahuyentar a los mosquitos.

Cerré los ojos. Sin el ruido del aparato que había estado refrescándome las últimas horas, el sonido de la noche me pareció bruscamente enmudecido. Supuse que al igual que mi vista, era cuestión de tiempo hasta que el mismo reloj, con sus agujas, resonara en mis oídos. La sensibilidad de mis sentidos parecía agudizarse con el correr de los minutos y todo seguía inusualmente insonoro.

¿Qué será lo que me produce esta sensación de incomodidad? Me pregunté, acostado boca arriba.

Estiré un brazo hacia un costado de mi cama y tomé la botella con agua que solía acompañarme cada noche. Bebí tres sorbos y volví a abrazar mi almohada. Mi mente giraba y giraba como el mecanismo de una locomotora. Acelerado, yendo rápido en todas direcciones. Comencé a imaginar que los artificios que movían mi cuerpo por dentro empezaban a realentizarse, poco a poco, de manera sutil pero perceptible. Progresivamente, iría relajando mis músculos, pero agudizando mis sentidos. El roce de mi piel con el algodón, el aroma del incienso, los latidos de mi corazón; todos intensificados. Aquellas sensaciones que se ven aplacadas por otras en la normalidad del transcurso del día. En ese instante, tal vez de haber abierto los ojos, habría visto algo que hasta ese entonces no había parecido estar allí, pero si lo estaba en realidad, oculto en lo profundo de un espiral de cordura

Así, gentilmente, fui sintiendo cómo me desvanecía en sueños.

TOS TOS

El ruido de una desagradable arcada me despabiló, a la cual le siguió el ruido de la cadena del inodoro.

TOS TOS

Mi padre, fumador irremediable, salió del baño y volvió a su cuarto. Una tos agobiante lo acompañaba siempre.

Cerré los ojos y me envolví en penumbras, intentando nuevamente sujetar la ingravidez que me había sido arrebatada.

Ronquidos

Un sonido entrecortado, ronco y áspero, provenía del cuarto de mi padre. En los últimos meses, él había acostumbrado dormir con la puerta abierta, a pesar de mi declarado despecho por sus ronquidos.

El amargo sabor de mi sueño interrumpido me llevó a recordar lavarme los dientes. Me senté en el borde de mi cama, apoyé mis pies desnudos en el suelo y marché hacia el baño que estaba cruzando el pasillo a un metro de la puerta de mi cuarto. La puerta frente a la mía, pero en diagonal, era la de mi padre y yacía abierta de par en par. Nada podía distinguirse a más de un paso de su umbral. Prendí la luz del tocador y comencé a sanitizar mi dentadura mientras miraba fijamente mis ojeras marcadas que contrastaban con mi palidez natural. Una vez habiendo terminado y apagada nuevamente la luz del baño, me acerqué al cuarto de mi padre y, con la mínima fuerza necesaria, fui entornando su puerta a hurtadillas hasta casi cerrarla cuando de repente:

"No me cierres la puerta, por favor. Me ahogo." - se escuchó la voz suplicante y adormecida de mi padre. Habia logrado, al menos, entornarla lo suficiente para disminuir sustancialmente el ruido de sus ronquidos que provenía de su cuarto al mío.

Aún a oscuras, entré nuevamente a mi cuarto y cerré la puerta detrás mio. El incienso en espiral seguía consumiéndose. Aún habiendo perdido la agudeza visual nocturna, no había obstaculos en mi camino que tuviese que esquivar.

"Raaa... " - se escuchó tenuemente.

Tropecé con mi botella de agua a unos pasos de mi cama. El plástico retorciéndose hizo un crujido agudo que hizo eco en el techo alto de mis aposentos. Me sobresalté, mientras que el estruendo enmascaró lo que me pareció había sido mi padre llamándome por mi nombre. En cuclillas, comencé a tantear el suelo a ciegas en búsqueda de la botella. Extendiendo mis manos azarosamente, la textura lisa del porcelanato frío tocaba las yemas de mis dedos, cuando súbitamente fue reemplazada por la silueta de un zapato de cuero. Exaltado, caí hacia atrás sentado en el suelo y busqué nerviosamente el teléfono en mi bolsillo. Al encender su pantalla y alumbrar delante mío, me encontré con nada más que con uno de mis propios pares de calzado.

Abochornado, apoyé mi mano sobre mi sien, cuando nuevamente escuché.

“Raaaaa...”

Era la voz de mi padre, sin dudas esta vez. Me incorporé y caminé hacia la puerta de mi cuarto. El picaporte estaba frío, aún de las horas de aire acondicionado. Giré la manija y al abrir, sin salir de mi cuarto aún, noté que curiosamente ya no se oían ronquidos. Entonces, me acerqué al umbral del cuarto de mi padre. Su puerta estaba, de nuevo, abierta de par en par.

Alumbré con mi teléfono su lado de la cama. Ahí yacía él dormido, de costado y con la boca abierta, pero con una respiración más serena al fin.

"¿Todo bien?" - le pregunté en voz alta con la intención de ser oído, pero no hubo respuesta. Estaba claramente en otro estado de consciencia. Aprovechando la situación, esta vez cerré su puerta del todo y me dispuse a regresar a mi cuarto. Di media vuelta hacia el pasillo y al entrar a mi habitación, antes de cerrar la puerta, escuché detrás mío:

"Ayudame Raaa..."

Se oyó nuevamente la voz. Era una súplica agonizante, angustiante, como la de un moribundo. Me volteé inmediatamente, notoriamente perturbado, y estiré con cautela el cuello por fuera del umbral de mi cuarto. Vi la puerta de mi padre todavía cerrada. Detrás de ella, los ronquidos intermitentes comenzaban a resurgir para acecharme.

Cerré la puerta de mi cuarto y permanecí inmóvil frente a ella por unos segundos. Mi paciencia ardía junto al incienso y mi cordura giraba en espiral. Respiré profundo. El aroma intenso a piretrina entró de golpe por mis fosas nasales, casi haciéndome lagrimear. Pensé en volver a dormir. Solo necesitaba empezar de nuevo: tomar unos sorbos de agua, ralentizar los engranajes de mi mente, meditar y volver a sumergirme poco a poco en el sopor...

"Ayudame, por favor..."

Pero la voz agonizante insistió. Era la de mi padre. Una voz ahogada en sus propios pulmones llenos de líquido. Me apresuré hacia su cuarto. Su puerta permanecía cerrada.

"Ra, ayudame..."

Imploró una vez más. Ahora frente a su puerta, al oír ronquidos del otro lado, entendí que no era él quien llamaba por auxilio. O tal vez sí, porque la voz provenía de adentro.

¿Quién era mi verdadero padre? ¿Era acaso el que necesitaba ayuda, mientras que el impostor fingía estar dormido para enmascarar sus súplicas? ¿O era mi padre el dormido, mientras que un impostor intentaba usar su voz de señuelo? Ninguno de los dos me dejaría dormir, ni siquiera mi consciencia, para colmo.

Abrí la puerta, de par en par. Los ronquidos resonaban fuertemente en la penumbra. Me acerqué al velador a un lado de la cama y prendí la luz.

Yacía allí, al igual que antes, dormido de costado y con la boca abierta, roncando profundamente. No obstante, había alguien más acostado del otro lado, a sus espaldas. Una figura extraña, pero humanoide, recostada en posición fetal, momificada de pies a cabeza. Atravesaba los pulmones de mi padre desde atrás con ambos brazos. La superficie de su cuerpo, exenta de piel, exponía las fibras musculares secas y deshilachadas de un viejo cadáver en formol. Al notar mi presencia, volteó su cabeza hacia mi y procedió a retirar lentamente sus extremidades de las cavidades pulmonares de mi padres. Sus manos, cuales tentáculos, estaban cubiertas de una sustancia amarronada y viscosa de olor penetrante. La horrorosa figura fue incorporándose poco a poco de la cama hasta quedar erguida frente a mí. Su rostro, sin ojos ni nariz, tenía la mandíbula rígida y exageradamente abierta, lo que dejaba lucir incontables dientes como alfileres en una formación en espiral que no parecía terminar nunca e invitaba a la mirada de manera hipnotizante.

"Raaa, ayudame, por favor..."

Exclamó con la voz moribunda de mi padre mientras contorsionaba su cabeza a centimetros de mi rostro. Congelado en el lugar y con la vista fija en el intruso, comencé a sentir el calor de las lágrimas corriendo por mis mejillas. El miedo encarnó en mi cuerpo, aunque no temía por mí. Mantuve mis ojos sobre aquel espectro desfigurado hasta que finalmente se retiró por la puerta del cuarto. Durante el resto de la noche, mi padre siguió roncando.

Desde entonces, he ahuyentado a la criatura noche tras noche, manteniendo la puerta de mi padre abierta, asegurándome de que no se ahogue mientras duerme. Quizás suene tortuoso, y no negaré que lo es, pero al menos es una victoria. Después de todo, durante el día, por más que lo intente, es una derrota tras otra. Porque mi padre se niega a dejar de fumar.

Cuando él ya no esté, aquella criatura esperará pacientemente el día en que pueda visitarme a mi. Pero ese día no llegará nunca.

Contenido

***Prólogo: Monstruo de papel* 2**

Capítulo 1:encuentro 5

Hada de fuego 5

Fósforos 6

Conflicto y desenlace 7

Final 8

La melancolía del guerrero 11

Capítulo 2:recuerdo 12

Jamás olvido 12

Cuando quiera 14

Otra vez y otra vez... 15

Inexplicable 16

Capítulo 3:abstracción 17

El mundo es una pizza 17

Pequeña golondrina..19
Yo me pregunto..21
Capitulo 4: desierto 23
Pateando y mordiendo 23
Lejos 25
Ecos 27
Capítulo 5: deconstrucción 28
Fruto del árbol venenoso 28
Piedra...30
Ambición..31
El ojo de la discordia 32
Por las noches soy mudo..................................33
Perdido 34
Hilo de voz...35
Cortes de papel 36
Capítulo 6: absolución 37
Sin rencores ni castigos....................................37

Bailamos en silencio.......................................38

Vida de árbol.......................................40

Máscaras.......................................42

Dulce.......................................44

Capítulo 7: redescubrimiento.......................................45

Uno (1).......................................45

La tormenta antes de la tormenta (2).......................................47

Barro (3).......................................48

Asíntota.......................................50

Devórame.......................................51

Yo pienso tanto.......................................52

Mirlo / Un cuarto de vida.......................................53

Abril.......................................56

Epílogo: Ronquidos.......................................57

www.ingramcontent.com/pod-product-compliance
Lightning Source LLC
LaVergne TN
LVHW090132160826
845673LV00017B/2441